AF489768

Sur prohibido

Elidenia Velásquez

Sur prohibido

SANTUARIO

Sur prohibido
Elidenia Velásquez
ISBN: 978-9945-930-96-2

Editorial SANTUARIO
Av. Pedro Henríquez Ureña No. 134,
La Esperilla, Santo Domingo, Rep. Dom.
E-mail: editorialsantuario@gmail.com
http://editorialsantuario.blogspot.com
Tels.: 809 412-2447; 809 637-1918

Edición-Corrección: Rafael J. Rodríguez Pérez

Obra de portada: En el claro de luna
(Acrílico sobre tela), Eddy Santiago

Foto de la autora: Jonas Disla

Diagramación:
Amado Santana (amado_alexiss@yahoo.com)
(809) 477-5602

Impresión:

Impreso en República Dominicana
Printed in Dominican Republic

Índice

Almas arcanas

I

En la proster ventana de tu alma,
un sueño parpadea...
Nebuloso, lejano, el recuerdo
del entrañable tálamo se resiste a partir.

Enferma enfermedad de recordarte.
Luces tenues alumbran el sendero
que conduce a tu cuerpo...
Delirios, caprichos y pasiones coléricas
atrapan los desechos ocultos de tus labios.

Vicios que dañan la virtud y corroen
las dendritas de mi alma prisionera,
que lucha, llora y gime por malgastar
sus dones en tan vana ilusión.

El obscuro secreto de tus órdenes,
a mi capullo de ponzoña llena.
¡Ah, inocencia perdida en el
fatal pasillo clandestino!

Virtud viciada por el salvaje fulgor
de tu mirada, velo roto, vasija usada,
flor de alabastro que en confusión
purpúrea se degrada.

¡Oh, vida, vida, de mi propia vida,
sálvame de la muerte anticipada,
llévame hasta el abismo de la gloria,
fecunda el germen de mis alegrías,
roba el misterio de los manantiales
en donde nace mi vergüenza pura!

¡Blande mi corazón, ensancha
las ventanas de la Luna,
enciende la antorcha con su luz,
y respira de nuevo junto a mí, la calma!

II

El corazón insomne de la noche
galopa fuerte si miras las estrellas.
Hay mucha luz de luna en tu mirada,
y un silencio de otoño duerme
sobre tus labios...
Tu presencia es hoguera de paz,
y destila tu aura un mullido rocío.
Luces de Capricornio adornan tu morada.

Hay silencio prohibido en tus recuerdos,
luces y sombras en tus noches tristes,
un medallón perdido donde ocultas
todo el conocimiento que te guardas,

verdades inconfesas que sepultas
bajo los pensamientos y añoranzas.

Perenne esclavitud, fría y marchita,
libertad pervertida y desalmada,
prisión de seda, sedienta de virtudes,
luces a oscuras que en reversa llegan,
del misterio de siglos que te alcanza
bajo el delirio arcano, inexplicable,
del recuerdo de ayer, que trae consigo,
la excelsa plenitud de tantas vidas,
y la magia de Oriente en las pupilas.

Roja es tu aura, claro tu amanecer,
brillante tu presente...

¿De dónde provendrá ese extraño poder
sobre mi pensamiento, la magia abrumadora
de tus ojos?

No comprendo este amor, me sobrepasa.
Eres lo que no entiendo; sin embargo,
mientras más reflexiono, más lo creo:
nuestras almas de antaño se conocen.

Nido de luna

El amor se hizo costumbre.
Deambulaba en mi piel,
causaba estragos...

Huérfano parecía en busca
de un espacio.
Sobre mi desnudez
quería quedar prendido.

Vagabundeaba adentro,
entre los nervios y delgadas
membranas de mis vísceras.

En el perdido laberinto
de la gloria mundana, él incubó.

Quería quedarse,
consumirse en mi fuego,
iluminar las sombras del ocaso,
comprender la locura...

De mi pudor recorrió los rincones,
abrazó, enloquecido, mis instintos,
y en los desiertos de mi luna árida,
hizo su nido.

Prisionera de amor sobre tu pecho

Ayer desperté con tu mirada.
Extraña sensación copó mi pecho.
Sonreías, y fue tu boca
muesca con regusto de gloria.
No supe más de mí...

Con paciencia retiraste el mechón
que jugaba en mi cara.
El viento olía a flores,
y de ansias, tu misterio,
la razón me embargaba.

Ayer desperté con una
Sensación de amor profundo,
desnudos mis pechos,
desnuda el alma;
y en un instante supe,
al sentirte a mi lado,
que las redes contra
mi voluntad, seguían tendidas.

Bebí entonces del cáliz
de tus labios traviesos,
me aferré a tu fuerza,
fui libre en tu prisión,
en mi gloriosa esclavitud,
reina, señora, y emperatriz
de los siete universos.

Tú, mi carcelero amante,
guardián celoso, me hiciste florecer...

¡Ay, amor, ayer amaneció en mi alma,
y fui más bella y más feliz que el alba,
prisionera de amor sobre tu pecho!

Confesión

El amor duele.
Duelen los días de ausencia,
los años malgastados
en vanas ilusiones...
Las garras del amor acarician
los vientres de la vida.
Ni la muerte soporta sus
crueles embestidas.

Duele el amor.
El amor duele.
¿Otros soportan esta
sangrante herida?
Los días extravían sus minutos
y se tornan eternos,
como un beso codiciado en silencio.

Duele el amor a oscuras,
sin mañana, esa ponzoña oculta
en sutiles te quiero,
la enfermiza lealtad,

la cruel partida...
Duele el amor,
gritan los días...
¡Mata el saberte ajeno
todavía!

El poder de la noche

La noche penetró en mí, atravesó mi pecho;
atrapó con su oscuridad el lecho de la vida,
traspasó el velo oculto en las telarañas del placer,
despertó a la bestia dormida a mi lado,
áspera luz en mis tinieblas.

La noche quedó empotrada en mis silencios
y replicó mil veces la chispa de antaño,
fuego de fugaces estrellas buscadoras.

La noche me aferró con sus manos oscuras,
y decidió quedarse al calor de mis sábanas,
envuelta en luz, brillando en mis pupilas.

La noche se amistó con mi alma,
y otra vez me dejó prisionera,
sin querer despertar;
sedujo mi espalda,
la deslindó en el mapa de
nacientes estrellas, y profanó
el oscuro templo de la vida,

callejón sin salida del guerrero de Troya,
íncubo inigualable del amor.

La noche corre por mis venas,
presiona mi garganta, me impide respirar...

¡Cuán negra es la noche!
¡Cuán majestuoso su poder!
Noche, no te vayas aún...
¡Falta un mundo por encender!

Besos

Tus besos saben a luz de luna nueva.
No podría olvidarlos,
aunque estuviera fuera de la tierra.

Hoguera en pleno verano son tus besos,
braman, crepitan, queman,
y dominan mi llama.

Tus besos ardientes en mi boca
son áspides violentos que
muerden mi garganta.

Sabores y certezas

El amor acaba cuando todo se ha dicho,
cuando el silencio socava la angustia
de un día más...

Hay días perdidos y mares olvidados,
palabras mudas cargadas de mentiras,
de miedos y pesares.

El amor acaba cuando pierden
el sabor los besos:
a yerbabuena, a verano, a libertad...
Y se tornan en besos del olvido,
con gusto a soledad.

No es eterno el amor...
Eterno el tiempo e infinito el besar.
Si prohibido, inmortal,
grandioso, si es robado;
con sabor a horizonte y a cielo despejado.

Amargos son los besos en labio atribulado,
agrios si no se quieren, tristes si no se han dado,
pero los favoritos, así provoquen llantos,
son los ardientes besos con sabor a pecado.

El amor nunca muere del todo hasta
que no se enfría el café de la vida.
Solo aguarda, en sigilo, la barca del otoño
postrero, donde mueren los versos
y el orgullo vivido.

Muere el amor, silente, añorando un deseo,
eterno prisionero en soledad.

Obsesión

Otra vez pensando en ti.
No sé qué hacer con esta manía loca
de recordarte a cada instante.

Si en paz observo un ave,
hacia ti vuela mi pensamiento.

Si es el atardecer, acaso, pienso,
debes estar mirando las estrellas.

¡No es fácil vivir amándote!
Enamorada de ti, de una sombra,
de un absurdo.

Si río, vienes a mi mente;
si en soledad medito,
invades mis pensamientos;
si bailo, es para ti;
si duermo en mi sueño estás;
y si trabajo, no importa,
ahí sigues, ¡nunca te vas!

Tengo obsesión por ti,
desmedida ansiedad por respirarte,
por sentir tus derroches alimentando
este obstinado amor.

Una inquietud perversa me devora,
constriñe mis abismos, acelera mis ganas,
me obliga a sucumbir a las ansias
de besar tu sonrisa, y, tendida sobre
tu pecho bravo, empezar otra vez.

Te regalo

Te regalo el lado oculto de la Luna,
para esconder una lágrima herida.

Te regalo las alas del viento,
la fuerza de los mares,
el color de las mariposas,
te regalo un sueño.

Te regalo el infinito azul de ilusiones,
el libro perdido,
el sabor añejo de los años,
te regalo un motivo.

Te regalo la esperanza de Oriente,
un mar de alegorías,
el bermejo baile de las amapolas
en primavera, te regalo un deseo.

Te regalo un lucero,
una fuente,
dos manos vacías unidas en silencio,
te regalo un camino.

El misterio perdido del tiempo,
la magia de la alegría y
el límite secreto de la amistad.
Es lo que te regalo.

Mañana el cielo brillará

Desplegada está la llama
en los recónditos rincones del universo.
Hay luz...
Escapó la paz del tumultuoso aliento
de los escogidos...
Oculta la antorcha de la calma;
lejano horizonte de silencio en soledad.
Luz escondida, paz en tinieblas,
nubes de gris pesar.

El cielo brillará mañana;
la aurora, a la par, resplandecerá.
Olvidemos el llanto.
Transitad la espera.
Abracemos unidos la creencia
de que pronto llegará el despertar.

Alma de fuego

En el espejo del tiempo,
veo el verdadero reflejo de mi ser.
Brota por la esfera de mis pupilas,
queriendo volar y fundirse con
la antorcha que da origen al mundo.

Quisiera remendar los huecos de mi alma
con harapos de libertad, luz y poesía.

En ese mismo espejo veo mi cárcel,
la que oculta mi fuego, y extingue la
llama de la liberación.

Unos le llaman "pájaro azul";
en mí, es fuego, flama encendida,
reflejada en el espejo.
Igual la veo en tus ojos,
cuando en ellos me miro.

Tu fuego y el mío, semejantes,
de siglos se conocen,
como almas recónditas, unidas en amor,
frutos del mismo celestial misterio.

En tu cercanía mi fuego se enciende,
crepita y brama como las muchas
aguas de la luna nueva.

Tu fuego es como el mío:
fuerte y bravo, incorpóreo lucero
que se consume bajo férrea presión.

Lástima que navegue en soledad
por los abismos de la noche y el sueño...
¡Ay, si yo pudiera encender, ese, tu fuego!

En soledad se consume tu fuego.
El mío, agoniza sin encontrar la chispa
de la explosión perfecta.

¡Ay, amor, eres el fuego de mi corazón!

Rojo amanecer

Prendida está la luz del rojo balcón de la memoria.
Destella, parpadea, deslumbra la ventana
del alma y sus rincones.

Luz de mañana, vestido de alba,
manto invisible del Omnipotente.
Luz a oscuras, destello en penumbra,
mirada de mujer que atrapa y seduce.

De tu esplendor cada amanecer
el Oriente se viste...
Tus dedos insistentes tocan
las entrañas de la esfera;
tomándola, poseyéndola,
haciéndola tuya en tu andar.

Dedos de luz, de fuego y sol, belleza y color.
Tu resplandeciente manto y sus alas
atrapan el vasto espacio existente
y convence a la negra noche de su retiro,
ante tu llegada, dominio y majestad.

Con regocijo las aves cantan.
Dan la bienvenida a la estrella de la mañana.
La dulce aurora y su colorido,
la frescura del rocío y nuestro despertar
avisan del espectáculo de cada mañana,
obra de la creación, digna de admirar.

Desierto en primavera

Aún sigo aquí, esperando la escurridiza primavera.
Tantos inviernos han pasado ya
sin ver los campos reverdecer antes del verano.

Inmóvil, ante el portal del infinito,
observo cada ocaso, invento mis quimeras.

En cada despertar espero tu arrojo,
tu calor, tu venida con el viento del alba,
tus palabras de amor...
Si tuya fuera, susurrarías en mis oídos
frases inteligibles, poemas que
escuchar de ti solo quisiera.

Ansiosa espera mi cansada mirada
ese radiante día que a mi vereda vengas,
camino de la gloria, allí donde
confluyen los volcanes.

Las flores silvestres, con su aroma,
esperan a ser polinizadas

por las monarcas del norte,
que, sin morada, vuelan de flor en flor,
acopiando su néctar y color.

La densa noche oprime la esperanza
de amanecer amando entre tus brazos,
y posterga el derroche del obsceno
e indecible fervor que nos aguarda.

Las amapolas visten de inefable
esplendor la cordillera...
Ella me lleva a la ilegal delicia de tu encanto.

El desborde, a raudales, de la fuente
de mi antigua inocencia, pervertida,
sin querer humedece las cuerdas
del borrado violín de mi jactancia,
y las sumerge en fuentes infernales
de inconfesables pecados por amarte.

Aun a millones de kilómetros,
eres mío, como es del cielo el arcoíris,
las estrellas, de la noche,
y la arena del mar.

La madriguera en el bosque
guarda a los conejillos,
y la tierra a las gotas de lluvia,
así guardo tu amor
en el silente cofre de
mis deseos conspicuos,
de mis recuerdos morbosos,
de mis mudos y lujuriosos anhelos;

porque al amarte vivo;
vivo, porque te amo.

Encendida está la perenne esperanza
de besar tus ardorosos labios,
y jugar con la intensa mirada
de tus ojos almendras
mientras penetro en ti hasta
el pasadizo íntimo y secreto
que separa la línea entre
la razón y la locura...

En medio del desierto,
estaré esperando que aflore la primavera.
Si ha de venir, ¡bienvenida sea!,
y la disfrutaré como si para siempre mía fuera.

Adornaré los manantiales.
Serán hermosos los prados.
De luz y sombra vestiré mi cuerpo,
grabaré mi piel con gotas de tu sudor
y me embriagaré con el olor
a geranios de tus caricias.

Germinarán rosas rojas de pasión
en el árido desierto de mis adentros,
brotará el amor, y con él,
la vida de millares de seres celestes que,
junto a mí, cansados ya de suspirar,
esperan tu llegada.

Elidenia Velásquez

Si no llega, si no ha de venir,
aunque la desee por mil estrellas,
el desierto, desierto será,
y tendré que aprender a vivir
con la ilusión de mi absurda quimera,
la de reverdecer de pasión
en plena primavera.

Trozos del alma

No encuentro recuerdos tuyos
en los salones del ayer.
Suspendido está el amor
en el portal del tiempo.
Aguas cristalinas llevan consigo tu olor,
desde los ciernes de mis deseos.

Vaso roto, repleto de dudas,
atiborrado de momentos,
sublime ilusión que desvanece el viento.
Un carrusel de golondrinas
anida en mi pecho.
Al alba, espero los sentimientos
en tus brazos sesgados.

Música en mis labios,
impetuosa tormenta en el valle
dormido del silencio;
trigales y amapolas,
luz y sombra en el viejo camino
de la cumbre marchita.

Negros fulgores en tus ojos,
acechan, buscan, cazan y atrapan
con saetas centelleantes y suspiros
desbocados en alta mar.

Gloria infinita, viaje al cosmos fugaz
de besos del mediodía,
estrecho pasillo del alma
que permea el laberinto perdido
de la pasión a oscuras,
del deber marchito, de las ansias locas,
del miedo a naufragar,
del peligro de nadar en un mar en calma.

La intriga se hace eco al caminar por
los campos de mentiras indecibles.

¡Cómo puede el tiempo borrar
con sus garras instantes del mediodía!
¿Acaso será eterno el olor de las flores,
o imperecedero el rojo atardecer?

Las ruinas del tiempo y sus antojos,
la gloria de entonces oculta en papel.

Lluvia de transparente dolor
corre por sombras de melancolía;
verdad equivocada, luz a oscuras,
trozos de mi alma escondidos en soledad.

Soñar sin precio

I

¡La noche es virgen y pienso en ti!
Se ha ensombrecido la esperanza
del desvelo de nuestros cuerpos cálidos
en brazos de la aurora.

La luz apenas se percibe,
escapa junto al rayo de sol,
moribundo, que hace un instante
apenas fue un soberbio crepúsculo,
rojo candente,
como el recuerdo de un amor prohibido.

Las sombras rondan y borran los secretos
caminos del horizonte.
Descienden y ocultan a nuestros ojos
la densa belleza del universo,
fulminando la luz del atardecer.

En silencio, se miran en la fuente del océano
las coquetas estrellas celestes,
adornando con su luz y gracia
el negro manto del ángel del firmamento.

Su etérea belleza invita a soñar;
pero el sueño no llega a los ojos,
sino al corazón,
infla el alma y despierta al amor.
Amor, amor, amor...
A soñar las estrellas invitan,
sin saber el precio a pagar.

II

Duerme la noche y yo duermo en tus brazos.
Así, en la lejanía, bajo un manto de estrellas,
lirondos nuestros cuerpos, ardiendo,
enfermos de pasión, se funden...

El derroche de besos, en la fuente escondida
del pecado, salpicaba las flores...
Su aroma se impregnaba en tu mirada
y brotaba cual luz de luna llena,
iluminando dudas, coartando las razones
de mi entendimiento, abriendo mi ser
al infinito y dispersándolo en millones de estrellas.

Lluvia de luces en mi frente,
cabalgata de caricias furtivas hurtan mi voluntad
y la transportan al infinito fondo de los mares,
donde la gloria existe disfrazada de océano en calma.

Cuando es imposible respirar, me miras,
me robas un beso, y sin permiso alguno
tu irreverente ego me conduce al pasadizo
secreto de la nada, donde serenamente guardo
la esencia oculta de amarte.

Atada está mi alma con hilos de sol
y listones del manto del viento,
que destruye, divide y resquebraja,
pero también consuela e infunde paz.

De arena y caracolas es nuestro lecho.
El Orión en tu pelo,
en mi espalda, el vasto cofre que guarda la lluvia.

En alta mar resuena el lamento indecible
de sirenas celosas, mudos ecos de negro silencio
desgarran los vientos en su andar.

De amor, el rocío nos cubrió por completo,
la curiosa aurora a nuestro encuentro vino,
y envueltos entre pétalos de ahogados suspiros
el inesperado amanecer nos sorprendió.

¡Qué bendición, amanecer de amor en tus brazos!

Sur prohibido

Bésame la frente del huerto perdido
en los pámpanos de la juventud.
Revela ese misterio que se esconde
en los confines del cosmos de mis ganas.
Jura, por aquellos días olvidados
en el exilio de tus besos,
que volverás a navegar en los
mares bravíos de mi piel.
La brújula en mi ombligo
te llevará al sur prohibido,
mientras encallas en las
vírgenes playas de mi desnudez.

En la palma de mis manos

En la palma de mis manos
tengo el límite del infinito,
la llave de tu alma, los ojos del viento
y el color de las flores.

Aquí, en la palma de mis manos
cabe la esperanza,
la luz de tu sonrisa, el calor del verano
y el perfume de la Luna.

En ella retengo una lágrima herida,
el pensamiento alegre que despeina tu pelo,
el corto viaje al Oriente
y la semilla fresca de la lluvia.

En la palma de mis manos habita
un rayo de sol, un trozo de poesía,
el sendero del tiempo, el dilema del amor
y la fuerza de los montes.

Luz y fuego escapan por mis dedos.
Guerra, olvido y palabras hay en la palma
de mis manos; el misterio oculto
y la magia del universo habitan
en mí desde ayer.

Miríadas de ángeles curiosos tengo,
constelaciones de estrellas olvidadas,
la gloria excelsa, sombras ocultas,
en el reflejo del espejo, mi ser...

Eso tengo en la palma de mis manos:
todo y nada, sabiduría marchita,
negra noche, opulencia sagrada,
glorioso amanecer...

Liberación

Así como la noche abandona el día,
sin prisa ni aflicción,
así solté por siempre tu recuerdo.
Al viento lo lancé, como un hondo suspiro,
con gran intrepidez.

Sin lágrimas, amargura o pesar,
me libré del hechizo de tus ojos,
antaño carceleros de mi libertad.

Flotando en una nube de paz y bienestar,
tu recuerdo se mezcló con el viento,
y lo dejé escapar...

Luz de luna

La luz que observo en tu ventana,
luz de luna parece, tan clara, tan espléndida
que ilumina del alma el pensamiento.

Luz de luna llena en pleno verano,
que viste de plata los granos de trigo...
En la silente noche bajo las estrellas,
tu luz invita a soñar.

Tu misterio, envuelto en refulgente brillo
cual gotas de lluvia fresca, cautiva los valles
y, sin permiso, invade la densa oscuridad.

Luz de luna, luz de plata que tiñe
de bondad los pastizales,
luz de magia y amor que transforma
la negra noche en esperanza.

El mar a tus órdenes obedece,
en él tu rielar, en él tu reflejo,
en sus orillas los enamorados
danzan, por ti iluminados.

¡Oh, amada Luna en una noche blanca!

El viento y sus alas invita a transitar
el sendero que dejas en tu andar,
senda que iluminas con tu transparente mirada.
¡Oh, dulce Luna celestial que adornas
las noches con tu soledad!
¡El manto celeste que habitas
es tan inmenso como el propio amor!

Elidenia Velásquez

Deleite

Maravillada estoy bajo
el escrutinio de tu mirada.
Cierro mis ojos y abro mis brazos
al manto celeste y púrpura de tus ojos.
El viento me sintoniza con las ondas
celestiales del universo...
Respiro tu sonrisa,
y en un profundo suspiro llego a ti,
allá, en las alturas prohibidas a mi ser.
¡Oh, cuán maravilloso eres!

¿Qué opinan del amor?

¡Yo opino que hay que beber!
Beber a raudales de la inagotable
fuente del amor cristalino,
y embriagarnos del éxtasis absoluto
de su poder abrazador, que quema,
muerde, nubla y neutraliza la razón.
Beber a sorbos cuando es preciso;
saborearlo tal delicioso café,
despacio y lento, cargado o fuerte,
¡pero nunca dejar de beber!

Juntos

Tanto tiempo en tus brazos
como ola de tu mar,
como agua de tu río.

Tú mi ilusión, yo tu motivo.
Juntos desde ayer,
unidos como críos.

Tuya mi pasión, mío tu cariño.
Juntos en amor,
construyendo nuestro nido.

De amor vestiremos
por siempre los motivos.
Yo tu luna, tú mi sol,
tarareando una canción.

Yo día de tu noche,
luz de tu amanecer.
Unidos desde siempre
hasta envejecer.

Tú mi puerto, mi faro y mi playa.
Yo lluvia de tu nube,
viento de tu mar.

Nosotros, surcando los cielos,
acariciando el tiempo al verlo pasar.
Construiremos con amor
una quimera en el viejo rosal.

Sueños rotos

¡Dónde estás, oh, juventud!
¿Dónde te escondes cada atardecer?
¿Estarás en los lirios o quizás en el alba?
¿Estarás en mí, lo mismo que ayer?

Siguiendo tus pasos voy sin encontrarte,
cual ave perdida en el viejo rosal,
suspirando las penas, contenido el llanto,
vislumbro el sendero que deja tu andar.

Ojalá algún día, tal vez en verano,
encuentre esperanza en el amanecer;
y en tus brazos rendida, y sin merecerlo,
realice los sueños que ayer malgasté.

Emisaria de amor

Hoy quiero vestirme con la sonrisa del viento;
caminar por calles de sueños,
vivir una ilusión,
confundir mis lágrimas con la lluvia.
Quiero observar la Luna,
ser una emisaria de amor.
Llegar al sendero que conduce a tu alma,
recibir tu abrazo cada amanecer.

Acariciar tu pelo, besar tu aura,
navegar en ti,
desatar el volcán de tu fuerza,
consumirme en tus brazos,
adherirme a tu piel,
calmar esta sed, gastar este amor,
merecer tu recuerdo y atarlo a mi ser.

En tus sueños

Si pudiera ser esa,
que duerme en tus sueños,
ocupa tus pensamientos,
consume tu pasión.

Si pudiera ser esa,
te abrazaría con mis ganas,
me asiría de tu vida,
te ataría para siempre a mi alma.

Si pudiera ser esa,
hechizaría tu mente
con elixir de amor,
provocaría suspiros,
haría reír tu corazón.

Si pudiera ser esa,
sería tu tierna esclava,
te legaría mi vida,
haría cada locura
del mundo y del amor,

en tu sagrado nombre,
 y en tu honor...
Tan solo, ¡si pudiera ser esa!

Elidenia Velásquez

Átame a tu piel

Perdida entre la duda y el deseo,
viaja mi ser hasta lo más profundo
de tu mente.

Temblorosa y ardiente de ansiedad,
envuelta en profundos suspiros,
recorro tu agonía y tus anhelos.

Mis caderas dispuestas,
mis labios entreabiertos,
suplican insistentes que
nunca termine este momento.

Así, delirante, te pido:
¡Átame a tu piel!
¡Encadéname con tus besos!
¡Alimenta esta sed de pertenecerte!
Por tus recuerdos voy... ¡Allí me yergo!
¿Qué importa que el presente
sea un sueño?
El mañana ¿qué importa?
¡Es demasiado incierto!

Vuelo eterno

Hoy tengo ganas de hacer nada,
solo dejar volar mis pensamientos...
Cantar el alba,
danzar el viento,
dar ritmo a una ilusión...
Soñar despierta, acaso,
que vendrás a buscarme.

Hoy tengo ganas de fundirme
al Sol, con un abrazo,
ser el amanecer, o el cálido rocío
que humedece los pies de los amantes.
Hoy quiero que me quieras querer;
el alma esparcir entre las nubes,
ser la nube, volar al infinito,
llegar a donde nadie, salvo tu claro amor,
me haría llegar...

Recuerdos

Deambulando por antiguos rincones
de mi memoria, encontré tu mirada,
recordé tus encantos, te sentí en mí.

Abrí las puertas de mi entendimiento,
dejé entrar a la nostalgia,
recibí tu compañía y, sin pensarlo,
albergué tu abrazo, ese tibio y efímero,
que aún espero.

Tu olor impregnó las paredes de mi alma,
reavivó el amor por tanto tiempo dormido,
despertó la pasión y el deseo por recordar
tus besos.

En medio de la nada, no puedo más que buscar
tu profunda y traviesa mirada, anulando mis fuerzas,
doblegando mis ganas, hurgando en mi interior,
desmoronando mi alma, hechizando mi razón...

Noche triste

Ante tanta belleza exótica y casi olvidada,
solo puedo sentir el suave latir
de un corazón enamorado
de un sueño imposible e irreal.

En esta noche mágica, donde se enjugan
las lágrimas del cielo con las de esta
amante solitaria, que llora y desconsuela
por aquellas quimeras que no regresarán...

Llora la vida, canta sus penas,
ríe con la tristeza que trae la soledad.

Encadenada, no puede en su agonía
dar un solo paso.
Lastimera mirada, débil sonreír,
engañosa máscara usa para ocultar
su pena...
Su mayor congoja: el querer tocar las estrellas
y conquistar su ansiada libertad.

La soledad del olvido

Una vez, cuando quise escapar,
me encerré en mis emociones.
Paralizada, en medio del gentío,
admití que mi mundo jamás volvería
a orbitar sobre ruedas de amor y desenfreno.

Di la espalda, pero mi corazón quedó
donde quedaron mis deseos, mis ganas,
mis locas aventuras de doncella prendada
del viento, de tu risa, de mí misma,
cuando apenas llegabas.

Allí se quedaron colgados mis temores,
la alegría y esperanza de encontrar
el infinito que conduce a la inmortalidad
de los sueños...

Allí dejé tirada la inocencia, la juventud rutilante
que destella en múltiples colores sobre las aguas
de la fuente del desengaño.

Allí quedó mi alma, y en ella, pesados escombros
de castillos de arena que hoy son solo ruinas
en el recuerdo...

El reloj en la pared del tiempo rememora
los fugases segundos, o los años que duró
tu presencia pululando en mi ser.

En la distancia percibo un sonido,
quizás tu voz, tal vez tu aura...
Ecos de melancolía con llantos de nostalgia
me embriagan, atormentan mis dudas,
ultrajan mi calma.

Viviendo la soledad del olvido,
como gorrión sin alas, como águila sin nido,
amando sin amor, buscando los motivos
que traigo bajo mi piel, que roban mi sueño
en la rutina de una noche que no ha de amanecer.

Envenenada de tu risa, no consigo
el antídoto del olvido...
Mares de locura corren por mis venas
al recordar aquel idilio,
aquella quimera que, tarde tras tarde,
se escapa con la nada en un silente suspiro.

Tu mirada

Si pudiera robar algo, robaría tu mirada;
la ataría a mis pensamientos,
la escondería en mis entrañas,
sería el tesoro de mi corazón.

Tu profunda y traviesa mirada mueve
mis adentros, enloquece mis ganas,
es droga que oscurece y anula mi razón.

Esa inigualable mirada doblega
mis deseos, trastorna mi alma,
roba mi paz y provoca mi ansiedad.

De poder hacerlo,
la robaría por siempre,
estaría en mis sueños y en cada
aurora sería mi despertar.

Certezas

Aunque nunca he visto tu cara, conozco tu corazón.
Aunque nunca te he tocado, he sentido tu calor.
Aunque nunca te haya besado, he sentido tu sabor.
Aunque nunca me has amado, tuyo es mi amor,
Aunque nunca haya volado, contigo he llegado hasta el Sol.

Embajadora del amor

Un día, soñé que era una golondrina.
Surcaba los cielos y paseaba por los
los límites de la imaginación.

Tenía plumas magníficas,
de colores intensos,
pero el alma sencilla...
¡Era una embajadora del amor!

Remontaba el azul, emancipada,
más hermosa y veloz que el propio sueño,
aquel de amor eterno en el cual me
elevaba tan alto como el Sol.

¿Quién eres?

¿Quién eres tú que secuestras
mis pensamientos,
invades mis silencios,
privas mi libertad?

¿Quién eres tú que sin permiso me llevas
a volar en mis sueños, a desear tu mirada,
a saborear la soledad?

¿Quién eres tú que hechizas mis locuras,
atormentas mis razones,
provocas mi ansiedad?

¿Quién eres tú que entraste en mi vida,
y mi corazón ataste?

¿Quién eres tú, a quien, perdidamente, amo,
y aun sin tenerte me llenas de felicidad?

Frente al mar

Bajo un cielo azul, el tibio sol besa mi cuerpo
en este otoño de recuerdos durables,
que habitan en la tenue memoria.

En esta tarde de mudo silencio,
con el alma afligida de ilusiones marchitas,
he soñado contigo...

Soñé con el abrazo que aún espero,
y tus encantos revivían otra vez
nuestros enredos y sublimes locuras.

Soñé, el universo de besos que te debo;
y esta febril pasión ensordecida me consumió
completa, y una vez más me devolvió a la vida.

Soñé, con tus ardientes besos dispersos en mi piel,
y aroma del mar vino hasta mí como un hechizo
místico y feliz...

Ah, cruel despertar tendida frente al mar,
no son tus labios, no, los que me rozan,
sino esta brisa fresca que acaricia mi pelo
y que me envuelve, transida de suspiros.

Al horizonte azul se van los ojos.
Mar y cielo se mezclan, allá, en el infinito.
Un mundo nos separa, ¡pero sueño contigo!

Elidenia Velásquez

Tentación

Enredada en los albores de tu presencia,
cual nube flotante en un diáfano cielo,
percibo tu aroma... ¡mi alma lo recuerda!

Extasiada ante el suave roce de tus alas,
viajo hacia el infinito azul de tu mirada.

Allá, en el abismo de mis entrañas,
destruyo la ilusión que secuestra mi calma.

Aturdida mi mente, desecha mi cordura,
me detengo ante el cerco que hurtaría mi corazón.

Inerte, observo las delicias del placer;
un halo de misterio las rodea,
tornando curiosidad en tentación.

Mas, de algún secreto rincón de mi memoria,
reaparece el buen juicio... bato las alas libres,
y escapo con el alba hacia mi áurea morada.

Grito

Embriagada de amor busco tu esencia
y tu ternura...
Inquieta, lucho por tu secreto,
por un sendero hacia tu mundo íntimo.

Corro hacia ti, y el desenfreno de tus labios
me calma; son tiernos como la pulpa tibia
de una fruta, y bienhechores como la mañana.

Tus manos conocen mis abismos,
y valles y montañas...
Por ellos se deslizan, cual torrente
de espuma, tus caricias.

A la cima del mundo me transportas,
y allá en lo alto, henchida de emoción
y placer, grito, grito, grito...

¡Rómpete, corazón!

La carne en mi pecho se hizo mármol.
Fue un largo camino de transmutación.
Las curvas se hicieron rectas,
los puntos suspensivos perdieron expresión.

Los números primos discreparon,
los caminos, al andar, se perdieron,
los ríos vírgenes fueron indiferentes,
fluyendo paralelos en su camino al mar.

Negra la noche tornóse en su agonía
por arribar al alba, mañana inexistente
en el frágil tormento...
Palabras mudas en labios entreabiertos,
muertos de sed, mordidos de silencio.

Arpones de dolor claváronse en mi pecho,
sueños, caprichos e ilusiones lanzadas
al zafacón quebrado del orgullo; furia silente,
manantial reseco en los linderos rotos del olvido.

Mármol y sangre hay en mi pecho;
ya no cantan golondrinas en él.
La sutil agonía anida en las pupilas,
del alma se desprende el dolor,
es mueca la sonrisa, y el llanto, decepción.

¡Rómpete, corazón, en miles de universos,
no llores los ocasos convertidos en penas!

¡Ay, amor, te fuiste con los días!

Lánguidos son tus pasos atravesando
el hilo de la vida...
¡Ay, amor, hoy mi pecho es de mármol!
¡Ay, amor, ya no late por ti!

La espada de tus besos

Mi piel extraña tu perfume, fresco aroma del monte,
fragancia de rocío que alimenta mis vicios y virtudes.

No preciso la Luna, con todo su fulgor,
para alumbrarme, ni estrella con mi nombre
en un arduo confín, ni conocer secretos del
trono celestial... ¿De qué me servirían?

Yo solo necesito la espada de tus besos
punzando una canción silente en mi garganta;
preciso tus derroches en una negra noche
sin estrellas ni Luna; desvelar el sagrado misterio
del alba sobre el lecho...

No quiero una ilusión, ni una vana quimera,
que se esfuma en silencio,
ni una legión de ángeles, ni su sabiduría.
¡No preciso de eso!

Yo quiero cabalgar cada sendero
que me conduzca a ti,
ser una rosa pálida soñada por tus ojos,
Luna clara de abril...

No quiero ser estrella fugaz en tu recuerdo,
sino brillar eterna sobre tu piel desnuda...
No quiero el tierno amor, ¡no quiero eso!,
sino domar la fuerza de los mares,
vencerte en buena lid con mi cintura,
y mostrarte el camino de tu felicidad.

Eterno amor

Callada y serena yace mi alma
en tórrido mar de melancolía;
trozos de ilusiones esparcidos por el viento,
lluvia torrencial que inunda la primavera.

Callada y serena vaga la noche,
sin luna ni estrellas en el firmamento;
soledad escondida en una sonrisa,
manantiales de amor en el desierto.

Silencio y quietud en tu mirada;
cierro mis ojos para contemplarte,
en dulce armonía veo tu imagen
reflejada en el fondo de mí misma.

Eterno amor que me prosterna;
sublime nostalgia que me guarda.
Aquel claro misterio en el abismo,
era un grito de luz en tus palabras.

Destellos de amor en el umbral oculto;
luz majestuosa en los pórticos del universo.
Temor supersticioso me invade,
vibración luminosa hay en tus besos.

Noche sublime en la alta cima;
juventud perdida en los lirios silvestres.
Maravilloso canto de luz en tu voz.
Divino sueño en el lecho del silencio.

¿Es preciso que se extinga la luz
para amar *at eternum*?

En medio de la dulce quietud
mi alma en ti se mira, formidable ojo
del destino observando mi ser.
Escudo de fuerza en mis silencios.
En las profundidades de tu luz encuentro
amor, belleza, y libertad.

Sobre la autora

Elidenia Velásquez (Villa La Mata, Sánchez Ramírez,1977).
Doctora en Medicina, especialista en Neurología y Medicina Interna por la Universidad Autónoma de Santo Domingo (UASD); máster en Docencia Universitaria (Universidad Católica Nordestana (UCNE)) y en Neurología Tropical y Enfermedades Infecciosas, por la Universidad de Barcelona, España. Posee un destacado historial como docente especializada en prestigiosas instituciones académicas y científicas de nivel superior. Es miembro de la Academia Americana de Neurología (AAN) y de la Sociedad Dominicanade Neurología y Neurocirugía (SDNN). Pertenece al Movimiento Interiorista del Ateneo Insular Internacional. Reside en San Francisco de Macorís. Es autora del poemario Sur prohibido (Editorial Santuario, 2020).

Esta edición de *Sur prohibido,* consta de una tirada de 100 ejemplares y se terminó de imprimir en el mes de octubre de 2020, en Santo Domingo, República Dominicana.